**Manuela Kaps**
**Susanne Steinicke**

# Wertvoll leben

Manuela Kaps
Susanne Steinicke

# Wertvoll leben

## von östlicher Weisheit und westlicher Lebenskunst

Trainerverlag

**Impressum / Imprint**
Bibliografische Information der Deutschen Nationalbibliothek: Die Deutsche Nationalbibliothek verzeichnet diese Publikation in der Deutschen Nationalbibliografie; detaillierte bibliografische Daten sind im Internet über http://dnb.d-nb.de abrufbar.


Bibliographic information published by the Deutsche Nationalbibliothek: The Deutsche Nationalbibliothek lists this publication in the Deutsche Nationalbibliografie; detailed bibliographic data are available in the Internet at http://dnb.d-nb.de.


Coverbild / Cover image: www.ingimage.com

Verlag / Publisher:
Der Trainerverlag
ist ein Imprint der / is a trademark of
AV Akademikerverlag GmbH & Co. KG
Heinrich-Böcking-Str. 6-8, 66121 Saarbrücken, Deutschland / Germany
Email: info@verlag-trainer.de

Herstellung: siehe letzte Seite /
Printed at: see last page
**ISBN: 978-3-8417-5072-3**

# Inhalt

Die Empfehlungen in diesem Buch sind nicht als Ersatz für professionelle therapeutische oder medizinische Behandlungen bei gesundheitlichen Problemen zu verstehen.

Eine Haftung der Autorinnen für etwaige Schäden, die aus dem Gebrauch bzw. Missbrauch der in diesem Buch genannten Empfehlungen entstehen, ist ausgeschlossen.

# 1. Einführung – ein Weg zum wertvollen Leben

Was bedeutet eigentlich „wertvoll leben“? Sind nicht nur Gegenstände wertvoll? Wie ist es mit unserem Leben? Ist es kostbar, einmalig und hoch geschätzt? Oder so wertvoll, dass dem kein anderer Wert entgegensteht?

In diesem Buch möchten wir, Manuela Kaps und Susanne Steinicke, Ihnen verschiedene Aspekte eines wertvollen Lebens nahebringen. Eines Lebens, in dem Werte so etwas sind wie ein roter Faden, und das sich an unterstützenden Prinzipien orientiert. Wir zeigen Ihnen, wie lebensbereichernde Werte gelebt werden können und welche Konsequenzen das hat. Und ganz besonders möchten wir Ihnen aufzeigen, wie Sie diese Konsequenz jeweils beeinflussen können.

In Zusammenhang mit dem Thema „wertvoll leben“ liegt uns die fernöstliche Philosophie besonders am Herzen, denn diese Jahrtausende alten Überlieferungen beschäftigen sich mit der Ganzheit des Menschen. So haben wir die Achtsamkeit aus dem Buddhismus ausgewählt, denn sie ist ein wunderbares Instrument, um die Aufmerksamkeit zu schulen. Die Wachheit gegenüber dem, was ist. Als zweites möchten wir Ihnen einige Aspekte des Ayurveda näher bringen. Dies ist das Wissen vom langen Leben und ist in seiner Philosophie auf die Erreichung und Erhaltung eines wertvollen und ausgeglichenen Lebens fokussiert. Und schlussendlich bekommen Sie ganz praktische Techniken an die Hand, mit der sich östliche Ansätze auf westliche Weise leicht umsetzen lassen.

Was bedeutet es global betrachtet, voll von Werten zu leben? „Was wir heute Wachstum nennen, besteht überwiegend aus zerstörerischen Tätigkeiten.“, so der Astrophysiker Peter Kafka. Klimawandel, Ressourcenausbeutung und Artenvernichtung sind nur einige Beispiele, die unser modernes Leben kennzeichnen. Doch es gibt auch Social Entrepreneurship, nachhaltige Energien oder Fairen Handel, Initiativen, die das Leben für alle lebenswert gestalten wollen. Wovon hängt es nun ab, ob wir uns diesen oder jenen Tätigkeiten widmen?

Wir haben Präferenzen, die auf unseren Einstellungen beruhen. Diese innere Skala von Einstellungen sind unsere Werte und Prinzipien. Gemäß dieser entscheiden wir uns für oder gegen bestimmte Handlungen.

Die Folgen von „schneller, höher, weiter", als eine mögliche Wahl von persönlichen Werten, sind beispielsweise in Umweltschäden, Vernichtung ursprünglicher Kulturen oder psychischen Krankheiten sichtbar. Was kann getan werden, um dem wirkungsvolle ethische Werte entgegen zu setzen? Um gesund in einer intakten Umwelt zu leben, die langsam Gewachsenes bewahrt?

Ein sehr wichtiges Prinzip, die wertschätzenden Werte zu leben, ist die Selbstverantwortlichkeit. Dies ist die Erkenntnis, über einen eigenen Handlungsraum zu verfügen, durch den effektive Veränderungen bewirkt werden können. Wie können wir Multiplikator sein von guten Ideen? Wo können wir Gutes potenzieren, beispielsweise durch Kommunikation? Wie und wo sind wir ein Vorbild?

Auch sich einmal anzusehen, wie durch den Lauf der Zeit „Kleines" letztendlich stark kumuliert, verstärkt die Einsicht über das eigene Handlungsvermögen: Eine gesparte Plastikverpackung für Äpfel macht vielleicht 30 Packungen im Jahr. In 10 Jahren sind das schon 300 Packungen. Und das ist nur ein einziges Produkt im Einkaufswagen!

Wer bezahlt den wahren Preis für billige Produkte? Auf welchen Schultern lasten die Kosten? Menschenunwürdige Arbeitsbedingungen in Fabriken der Entwicklungsländer mit fehlenden Sozialsystemen und Ausbeutung von Mensch und Natur machen viel, schnell und billig möglich. Drastisch formuliert stellt sich die Frage: wie viel Blut, oder wie viel Leid hängt an einem Artikel?

Nachfolgend die Betrachtung, wie unsere individuellen Werte entstehen. Die Basis dafür sind vier grundlegende Bedürfnisse und Fähigkeiten: physisch, sozial, mental und spirituell. Wertvoll leben bedeutet, diese vier Bedürfnisse anzuerkennen und ihre innewohnende Essenz zu leben. Es heißt, sowohl ausgeglichen innerhalb einer Fähigkeit zu sein als auch eine Balance zwischen den Vieren zu finden.

Was gehört zu den vier Bedürfnissen und Fähigkeiten?

Physische Bedürfnisse:
Materielle Lebensgrundlagen wie Essen, Wohnen, Kleidung und Finanzen

Soziale Bedürfnisse:
Kommunikation, Beziehungen, Familie

Mentale Bedürfnisse:
Lernen, geistiges Wachstum, Schaffensfreude

Spirituelle Bedürfnisse:
Liebe, Gewissen, Sinnfindung, Transzendenz

Werte in diesen vier Bereichen zu leben bedeutet, sowohl sich selbst diese Ausgeglichenheit zuzugestehen als auch, sie für andere Menschen gelten zu lassen. Jeder Mensch auf dieser Welt soll darin unterstützt sein, sich in allen vier Bereichen zu verwirklichen.

Soviel als Einführung. Wir wünschen Ihnen viel Erhellendes beim Lesen unseres Buchs und freuen uns, wenn Sie sich ermuntert fühlen zu überlegen, welche Werte Sie in Zukunft in ihr Leben integrieren möchten. Wir hoffen, dass Sie unsere Impulse und praktischen Empfehlungen neugierig machen und Sie Lust verspüren, diese auch einmal auszuprobieren.

In diesem Sinne ganz herzliche Grüße

Ihre

Manuela Kaps & Susanne Steinicke
Frankfurt und Hamburg im Sommer 2013

## 2. Werte – die geistig-ethische Dimension

So wie wir auf unserer körperlichen Ebene Vorlieben und Abneigungen haben, beispielsweise in unserer Ernährung, so existieren auch in unserem persönlichen Wertesystem Vorlieben und Abneigungen, die auf geistiger Ebene unser Handeln prägen.

Wie bei der Auswahl unserer Nahrung kann es sein, dass für uns eher pragmatische Werte gelten, wie z.B.: „Ich arbeite, um Geld zu verdienen, alles andere ist mir egal". Oder aber in unserem Wertesystem sind Anteile enthalten, die auch die Bedürfnisse anderer Menschen, vielleicht sogar ein Verantwortungsgefühl für die ganze Menschheit miteinbeziehen.

Sich geistig-ethische Werte zu schaffen hat enorme Vorteile. Sie geben uns einen Rahmen, der mentale Stabilität gewährleistet. Im besten Fall sind die Werte sogar der Motivator und die Inspiration für unsere persönliche Entwicklung.

Die häufig geäußerte Meinung, dass Werte in der heutigen Zeit doch sowieso nichts mehr gelten, wollen wir so nicht stehen lassen. Ganz im Gegenteil. Wenn wir den Mut aufbringen, auch gegenüber Menschen, deren Lebensmotto ist: „Es hat ja sowieso alles keinen Sinn." zu sagen, was und welche Werte uns wichtig sind, dann sind wir auf einem guten Weg dahin, einen Beitrag zu leisten, dass sich bei dem Anderen vielleicht ein neuer Horizont, eine neue Sichtweise eröffnen kann.

Persönliche Stärke bedeutet zudem, auch in schwierigen Zeiten nach seinen, bestenfalls humanistischen, Werten zu handeln und nicht, wie es häufig geschieht, alle Menschlichkeit über Bord zu werfen, wenn beispielsweise das wirtschaftliche Klima schlechter wird.

An dieser Stelle einmal die Überlegung: Welche Werte sind denn gesellschaftlich verankert? Welche Werte können wir uns schaffen, für ein glücklicheres und zufriedeneres Leben? Und was sind die gängigen Werte, die gelebt werden? Vielfach sind es Werte wie Egoismus, Misstrauen, Neid, Gleichgültigkeit oder Eile, die besonders durch die gegenwärtigen Medien propagiert und verstärkt werden. Das „Ich" ist demnach nur glücklich, wenn es gewinnt: Reichtum, Macht oder Ansehen. Und das Individuum glaubt, es kann dies oft vermeintlich nur auf Kosten anderer erreichen.

Als positive Werte dagegen sind beispielsweise zu nennen: Freude, Wertschätzung, Wohlwollen, Teamdenken, Vertrauen und auch Aufrichtigkeit. Werte wie diese machen unser individuelles Leben klarer und einfacher, und sie tragen auch positiv zu einem zufriedeneren Arbeitsleben bei. Leistungs- und Kreativitätssteigerung, Gesundheit, gute soziale Bindungen und Zufriedenheit können daraus erwachsen. So bewältigt z.B. ein Team, das miteinander am gleichen Strang zieht, mehr als Individuen, die sich gegenseitig zu übertrumpfen suchen.

Nachdenkenswert sind auch Werte, die in unserer Gesellschaft noch gar nicht durchgängig gelebt werden. Was ist mit Liebe, Großzügigkeit, Harmonie oder Güte? Sind dies verweichlichte oder spirituelle Werte, die scheinbar ungeeignet sind für den Alltag, oder kann mit ihnen auch Materielles, Sicherheit und Zufriedenheit erreicht werden?

Eines der Naturgesetze, Kern in den fernöstlichen Philosophien, ist das Gesetz von Ursache und Wirkung. Einer Aktion folgt – zu einem gewissen Zeitpunkt – eine Reaktion. Ganzheitlich betrachtet zählen sogar die Gedanken dazu, nicht nur die Worte und Taten. In diesem Sinne betrachtet, wirken also auch Liebe, Güte, Harmonie usw. auf uns und die Ergebnisse unseres Lebens zurück. Genauso wie Egoismus, Misstrauen oder Neid. Und in letzter Konsequenz wirkt sich das nach dem Gesetz von Ursache und Wirkung auch auf die materielle Ebene aus. Übt jemand Großzügigkeit aus in seinem Leben, so wird er auch Großzügigkeit ernten. Das kann z.B. ein Lob sein, eine Beförderung oder auch ein Geschenk.

Wir rennen im Außen und vergessen das Innen. Deepak Chopra[1] sagt: „Nur Bewusstsein existiert, das Universum ist lediglich dessen Projektion". Doch was tun wir, um unser Bewusstsein zu entwickeln? Vielfach handeln wir nur unbewusst und sind uns der Paradigmen, der etablierten Muster unseres Wertesystems, gar nicht bewusst. Diese Muster bestimmen unser ganzes Denken, Fühlen und Handeln und wirken dementsprechend auf die Umstände ein.

Aus dieser Sicht gesehen lohnt es sich, einmal mehr darüber nachzudenken, welche Werte wir ganz bewusst in unser Leben integrieren, um es dadurch glücklicher und zufriedener zu gestalten.

---

[1] Deepak Chopra ist ein zeitgenössischer Autor von Büchern über alternative Medizin, Ayurveda und Spiritualität.

# 3. Achtsamkeit – die Kunst, im Moment zu sein

## Die Kunst und der Genuss, den gegenwärtigen Augenblick zu leben

Wissen wir eigentlich, wie lange ein Moment dauert? Was genau macht den Wert eines Moments aus? Wir kennen alle diesen Augenblick, wenn wir etwas zum ersten Mal sehen, eine Landschaft, die uns fasziniert oder einen Menschen den wir besonders interessant finden. Dann scheint die Zeit für diesen einen Moment länger zu dauern oder gar stillzustehen.

Der Autor Sten Nadolny, der vor einigen Jahren das Buch: „Die Entdeckung der Langsamkeit“ schrieb, hat einmal gesagt: Wenn wir auf eine Uhr schauen, die einen Sekundenzeiger hat, dann scheint es, dass die erste Sekunde länger dauert als die nachfolgenden Sekunden. Hat es etwas damit zu tun, dass wir der ersten Sekunde eine besondere Aufmerksamkeit und Wertschätzung schenken?

Die Qualität des Augenblicks, errechnet beispielsweise in der Konstellation von Sternen, hat schon die Menschen vor tausenden von Jahren danach Entscheidungen treffen lassen. Der günstige Zeitpunkt versprach die glückliche Entwicklung oder den guten Ausgang einer Angelegenheit.

Die Qualität des Augenblicks hat die Verheißung des gesamten Lebens in sich. Wenn wir anfangen, uns genauer auf den Moment einzulassen, bekommt Zeit eine andere Dimension. Sie scheint mehr zu werden, und der bewusste Moment birgt neue optische und sensorische Erfahrungen.

## Eine Achtsamkeitserfahrung im Hier und Jetzt: die Rosine

Wenn Sie mögen, lassen Sie sich doch einmal auf folgendes kleines Abenteuer ein:

Sie brauchen dazu fünf Minuten Zeit und einen ruhigen Ort, an dem Sie ungestört sind. Wenn Sie können, nehmen Sie eine Eieruhr, oder ihre normale Uhr, und stellen den Timer auf drei Minuten. Nehmen Sie 1 Rosine (ja, genau eine) in den Mund und behalten Sie diese im Mund. Nicht herunterschlucken. Und nun gönnen Sie sich drei Minuten mit der Rosine. Klingt das zu langweilig? Sie werden erstaunt sein, was sie alles wahrnehmen. Jemand hat einmal gesagt: „Das ist die Wertschätzung der Rosine“. So ein kleines, unscheinbares, wenig ansehnliches Ding, und dann solch eine Erfahrung. Wenn die drei Minuten um sind bleiben Sie, wenn Sie mögen, noch einen Moment sitzen und genießen den Augenblick.

## Achtsamkeit und Langsamkeit

Wenn wir anfangen, achtsamer zu werden, werden wir in fast allen Fällen auch langsamer. Der vietnamesische Zen-Mönch Thich Nhat Hanh ist einer derjenigen, der Menschen schon seit vielen Jahren inspiriert, das ebenfalls kleine Abenteuer der Gehmeditation auszuprobieren. Bei der Gehmeditation ist eigentlich nichts weiter zu tun, als so langsam wie möglich zu gehen und zu versuchen, im gegenwärtigen Moment zu sein. Anfangs fällt das unglaublich schwer, doch je mehr wir uns darauf einlassen, desto deutlicher wird uns, wie sehr wir sonst fast rennen. Und wir fangen an wahrzunehmen, was in unserer direkten Umgebung alles da ist und passiert. Dinge, die immer da sind, die uns aber sonst verborgen bleiben. In dieser Langsamkeit entsteht nach einigen Minuten Ruhe und Ausgeglichenheit in uns, um die wir sonst im Alltag so häufig ringen. Wenige Minuten Gehmeditation im Freien oder auch zuhause reichen oft schon, in uns ein Wohlgefühl von Entspannung entstehen zu lassen, ohne dass wir viel tun müssen. Ganz im Gegenteil.

Es lohnt sich überhaupt einmal, dieses Phänomen Zeit ein wenig genauer anzuschauen. Gerade in unserer Kultur scheint es noch viel stärker als in anderen Gesellschaften „in" zu sein, wenig Zeit zu haben. Zeit, als kostbares Gut gewertet – zu kostbar um es zu vergeuden, gibt bei uns einen Status von Wichtigkeit, je weniger wir davon übrig haben. „Rufe mich morgen an, ich habe jetzt keine Zeit", sagen wir häufig. Ein paar Tage später wundern wir uns, dass schon wieder eine Woche um ist  und fragen uns, wo die Zeit geblieben ist. Dabei hat jeder Tag für jeden Menschen auf unserem Planeten genau die gleiche Anzahl an Stunden – jeden Tag. Es scheint ein Wechsel zu sein zwischen „keine Zeit zu haben" und „nicht erwarten können, bis die Zeit vergeht". Nur selten genießen wir vorhandene Zeit, die wir einfach so zur Verfügung haben.

## Die Energie ist hier im Moment

Wenn wir uns dann einmal auf den gegenwärtigen Moment einlassen, dann merken wir, wie viel Energie in diesem einen Moment steckt. Hier liegt die Kraft der Entscheidung, durch das Handeln im Hier und Jetzt stellen wir die Weichen für die Zukunft. Die Energie folgt der Aufmerksamkeit heißt es, und spätestens wenn wir uns ganz von einer Sache fesseln lassen, fragen wir uns häufig, wie es sein kann, dass uns Stunden nur wie Minuten vorkamen.

In unserer Zeit, die uns ununterbrochen animiert uns ablenken zu lassen von äußeren Attraktionen, entsteht eine besondere Qualität, wenn wir uns davon lösen können und uns auf uns selbst einlassen. Wer einmal die Erfahrung der Meditation gemacht hat, spürt, dass es eigentlich nichts braucht, um bei sich zu sein, in der eigenen Mitte, und dass das Leben um uns herum weitergeht, auch wenn wir für wenige Minuten nichts tun, außer einfach da zu sein. Dazu ist es nicht erforderlich den ganzen Tag in Meditation zu verbringen, es reicht schon, einfach nur für einige Minuten in Stille zu sitzen. Wer schon besser in Übung ist, wird vielleicht nicht einmal die Stille brauchen, um für wenige Augenblicke völlig bei sich zu sein.

Was entsteht, ist ein besonderes Gefühl von Glück oder Glücklichsein. Nicht ein lautes, schillerndes Gefühl des Glücks, sondern etwas, das leise scheint, dafür aber eine starke Intensität hat. Wenn wir es uns wert sind, uns Momente zu gönnen, Zeit in dieser besonderen Qualität zu erfahren, fangen wir an, uns in Bereiche vorzuwagen, die sich uns sonst erst einmal nicht erschließen.

Die Erfahrung zu machen, so etwas wie Glück in dem Wenigen zu finden, erscheint im ersten Augenblick oft unattraktiv, weil eben scheinbar so wenig passiert. Sich auf dieses Abenteuer im gegenwärtigen Moment einzulassen, wird aber umso reicher belohnt, je mehr wir uns davon (ver)führen lassen.

# 4. Gelebte Achtsamkeit

## Negative Energie mit Achtsamkeit transformieren

Sorgen, Probleme und Angstgedanken, aber auch Wut und Ärger wiegen schwer. Sie rauben uns den Schlaf, nehmen uns die Leichtigkeit im Leben und lassen uns nicht mehr in einer entspannten Haltung sein. Und gerade Wut und Ärger zerstören so viel in unserem Leben – die Kommunikation oder die Beziehungen.

Doch auch hier hilft Achtsamkeit, diese Schwierigkeiten zu bewältigen und überwinden zu lernen. Wir werden zum stillen Beobachter und greifen nicht gleich ein. Das ist bei sehr negativer Energie erst einmal äußerst schwierig. Sie beherrscht uns ganz und es scheint, wir stehen komplett unter ihrer Herrschaft.

Das folgende Beispiel veranschaulicht, wie wir durch Achtsamkeit lernen können, Ärger und Wut aufzulösen:

Nehmen wir einmal an, wir haben uns über jemanden sehr geärgert. Wut ist die alles beherrschende Emotion in uns. In solch einem Fall ist es am besten, tief durchzuatmen und die ganze Energie auf das Ein- und Ausatmen zu konzentrieren. Und dann mit Abstand zu beobachten. Was nehmen wir wahr? Gelingt es langsam, von der Position des Beobachters aus das Objekt der Beobachtung zu sehen? Eine Trennung herbei zu führen zwischen dem, was reines Bewusstsein ist, mit dem wir wahrnehmen und dem bewegtem Objekt, das in diesem Fall die Wut in uns ist? Aus einer Position des Abstandes heraus zu sehen: “Ich habe jetzt Wut“?

Je länger Sie diese Übung durchführen, umso besser wird sie gelingen. Beobachten Sie nun, wie sich die negative Energie verändert. Verweilen Sie bei ihr mit achtsamem Gewahrsein. Bleiben Sie mit Zuneigung bei Ihren Gedanken und Gefühlen. Heißen Sie diese willkommen, aber verfolgen Sie sie nicht weiter. Mit der Zeit wird die Negativität Sie weniger und weniger beherrschen und sich eventuell sogar ganz auflösen.

Wenn sich der größte Sturm in Ihnen gelegt hat, können Sie beginnen Stück für Stück zu analysieren: Was ist die Ursache für die Wut und den Ärger? Wo liegt die Quelle? Wie sind die Zusammenhänge? Konzentrieren Sie sich auf das Gefühl im Bauch oder im Kopf, das diesen Gedanken oder die Emotion verursacht. So werden Sie Herr über sich selbst. Sie sind nun der Steuermann, der das Ruder in der Hand hält.

## Das Prinzip von Ursache und Wirkung

Wie in der Einleitung bereits erwähnt, ist eines der Naturgesetze in den fernöstlichen Philosophien das Gesetz von Ursache und Wirkung. Der Name dafür ist *Karma.* Wie können wir uns das vorstellen?

Genau genommen ist es eine einfache Formel: eine vollkommene Gesetzmäßigkeit, die in allen Dingen wirkt. So folgt einer Einatmung eine Ausatmung, dem Essen folgt die Verdauung, einer guten Tat folgt eine andere gute Tat, eine schlechte Tat hat ein negatives Ergebnis. Es ist ein unumstößliches Gesetz, das wir, wenn wir einmal genauer hinschauen, täglich erleben. Geiz wird Armut ernten, Großzügigkeit dagegen Reichtum. Gutes wird durch Gutes belohnt, Schlechtes durch Schlechtes.

So betrachtet wären wir doch nachlässig, würden wir dieses Gesetz missachten. Nach fernöstlicher Sicht ist in uns ein gewisses *Karma* angelegt. Und dies führt wiederum dazu, dass wir bestimmte Taten und Einstellungen an den Tag legen. Weil wir in der Vergangenheit schlechtes *Karma* produziert haben, kommt dieses jetzt wieder, und wir begehen neuerlich schlechte Taten. In uns ist beispielsweise Ärger angelegt durch einen alten Streit, und jetzt kommt bei einer Meinungsverschiedenheit wiederum diese Wut hoch.

Oder angenommen, wir haben jemanden betrogen. Das Finanzamt zum Beispiel. Dieses schlechte *Karma* wirkt sich jetzt in unserem Schicksal aus. Es kommt zurück. Uns wird eines Tages etwas gestohlen. Oder wir werden um etwas betrogen.

Das kann nach buddhistischer Sicht auch erst in einem anderen Leben sein. In der buddhistischen Philosophie ist das Bewusstsein nur zeitweise im Körper – also für die Dauer eines Lebens – und nimmt danach einen anderen Körper an, so lange, bis alle *Karmas* bereinigt sind. In einem Leben kommt immer ein bestimmtes „Paket“ an *Karma* zur Geltung. Das kann bedeuten, in einem Leben ganz gütig und weise gelebt zu haben, und trotzdem Schicksalsschläge zu erleiden. Verantwortlich ist dann altes *Karma* aus einem anderen Leben.

Was können wir hier tun? Eine Möglichkeit besteht darin, der Situation mit Hingabe zu begegnen und durch eigene Handlungen besseres *Karma* zu erwirken. Wichtig ist, nicht wieder in die alten Handlungsmuster hinein zu fallen, sondern jetzt anzufangen, die Dinge besser zu machen. Liebe, Güte und Wohlwollen an den Tag zu legen, wissend, dass alles gerecht ist, und mehr und mehr ein Bewusstsein dafür zu entwickeln, dass einzig man selbst der Verursacher aller Erfahrungen ist.

## Die vier Gegensatzpaare – vier sich bedingende Prinzipien

Unser Leben besteht aus Gegensätzen. Eins ergibt das andere, ständig ist alles im Fluss. „Panta rhei“ sagte der griechische Philosoph Heraklit dazu. Buddha nannte es die vier Gegensatzpaare, aus denen die Welt besteht:

Glück und Unglück, Gewinn und Verlust, Anerkennung und Nicht-Anerkennung sowie Lob und Kritik.

Ist es zu schaffen, ein Leben zu leben, das nur aus Glück, Gewinn, Anerkennung und Lob besteht? Oder folgen auf diese ebenfalls die negativen Hälften, so wie auf den Tag die Nacht folgt?

Wenn wir uns in einem Bereich zum Positiven hin verändern, welche bisher positiven Dinge könnten sich dann in negative verwandeln? Diese neue Erkenntnis lässt unser Handeln in neuem Licht erscheinen: Ist das Neue überhaupt die Veränderung wert, oder überwiegen dann andere negative Konsequenzen?

Ein Beispiel: Wir würden gerne umziehen, weil die Nachbarn zu laut sind. Das hätte zur Folge, dass wir die bisher gute Verkehrsanbindung aber gegen eine Schlechtere eintauschen müssten. So würden wir eine gute Sache gewinnen, aber gleichzeitig auch eine Schlechte erhalten. Es ist gut, sich dessen bewusst zu sein, dass eine Veränderung meist mit einer anderen einhergeht.

Als nächster Schritt wäre zu überlegen, wo wir von diesen Polaritäten unabhängig werden und mehr und mehr lernen können, über diesen zu stehen.

Wo können wir mehr Gelassenheit entwickeln, ebenso wie die Fähigkeit, Dinge so stehen zu lassen, wie Sie sind?

## Nachhaltig für sich selber handeln

Eine andere Anregung ist, einmal zu reflektieren, wie wir mit uns selber umgehen. Ist das wirklich nachhaltig? Das drei Säulen-Modell der Nachhaltigkeit[2] definiert diese als umweltbezogene, wirtschaftliche und soziale Aspekte, die gleichzeitig umgesetzt werden.

Wenn wir es genau betrachten, sind wir mehr als nur unsere kleine, individuelle Existenz, denn wir hängen von so vielen Dingen ab: von der Luft, von Ressourcen, von den Dienstleistungen anderer oder von den Früchten der Erde. Ja, eigentlich sind wir ganz groß und weitläufig, wenn wir die Verflechtung mit all diesen Menschen und Dingen dazu zählen.

Macht es da nicht Sinn, auch nachhaltig für sich selber zu handeln?
Wir haben viele Möglichkeiten, in den unterschiedlichen Bereichen aktiv zu werden:

Umweltbezogen: Die ökologische Landwirtschaft fördern, fair einkaufen oder ressourcensparend konsumieren.

Wirtschaftlich: Überlegen, wo wir unser Geld ausgeben und wo wir es sparen. Klug in nachhaltige Wirtschaftsprojekte investieren.

---

[2] Enquete-Kommission des Deutschen Bundestages „Schutz des Menschen und der Umwelt“

Sozial: Gute Beziehungen fördern, ein friedvolles Miteinander leben oder gesellschaftliche Gruppen unterstützen, die dem Gemeinwohl dienlich sind.

Nachhaltig handeln heißt auch, auf der körperlichen, seelischen und geistigen Ebene gut für sich zu sorgen. Ist eine Balance in diesen Bereichen vorhanden? Liegt der Fokus überhaupt auf all diesen drei Bereichen?

Wenn wir anfangen, Sport zu treiben und eine gute Ernährung finden, ist das bereits ein Schritt in die richtige Richtung. Und wenn wir versuchen, eine Antwort dafür zu finden, was unsere Seele nährt. Was außerdem gibt unserem Geist Stoff, damit er ausgeglichen und glücklich wird? Welche neuen Themen, welche Weiterbildung? Nachhaltigkeit macht zufrieden und fördert Freude, denn es unterstützt unsere wahre, ursprüngliche Natur.

# 5. Ayurveda – das Leben als Ganzes

Dem Gedanken „wertvoll leben“ folgend, erscheint es uns Autorinnen sehr passend, auch einige Grundlagen der Sichtweise und Philosophie des Ayurveda – dem Wissen vom langen und glücklichen Leben – mit aufzunehmen. Betrachtet der Ayurveda doch Prinzipien, die in uns und unserer Umwelt immer präsent sind, und die Einfluss auf unser tägliches Leben haben. Darüber hinaus hält er werteorientierte Empfehlungen zur Lebensführung bereit.

## Die ayurvedischen Energieprinzipien – die Doshas

Diese Energieprinzipen, im Ayurveda *Doshas* genannt, beruhen auf Verbindungen der Elemente Luft, Feuer, Wasser, Erde und einem weiteren Element, das Raum genannt wird. Sie werden wie folgt beschrieben:

Das Prinzip *Vata* als das Bewegungsprinzip, bestehend aus den Elementen Raum und Luft.

Das Prinzip *Pitta* als das Umsetzungsprinzip, bestehend aus den Elementen Feuer und Wasser.

Das Prinzip *Kapha* als das stabilisierende Prinzip, bestehend aus den Elementen Erde und Wasser.

In uns Menschen sind diese Energieprinzipien in unterschiedlich individueller Ausprägung vorhanden und gestalten bzw. beeinflussen so unseren physischen Körper. Darin liegt im Wesentlichen begründet, weshalb wir auf Lebenssituationen und Umwelteinflüsse individuell verschieden reagieren.

Auch unsere Umwelt ist geprägt von diesen Energieprinzipien, so herrscht zum Beispiel im Sommer das *Pitta*-Prinzip mit Hitze vor, und im Winter bis in das Frühjahr hinein das *Kapha*-Prinzip mit seinen kalten und feuchten Eigenschaften. Der Herbst ist *Vata*-Zeit, es ist die Zeit im Jahr, in der das Wetter häufig wechselhaft ist und sich verändert.

In den Tageszeiten wirken diese Prinzipen ebenfalls und haben Einfluss auf uns: So zum Beispiel herrscht um die Mittagszeit das *Pitta*-Prinzip vor, mit starker Verdauungsenergie in uns, während am Morgen und Vormittag das *Kapha*-Prinzip mit schwacher Verdauungskraft präsent ist.

## Die Gunas – Qualitäten und Eigenschaften, die im gesamten Universum wirken

Neben den beschriebenen Energieprinzipien der *Doshas* gibt es nach der Lehre des Ayurveda zudem drei grundlegende Wirkmechanismen oder Qualitäten, *Gunas* genannt, die das Geschehen im gesamten Universum bestimmen. Diese werden beschrieben als *Sattva, Rajas* und *Tamas*. Dabei steht:

*Sattva* für Klarheit, Reinheit und Weisheit,
*Rajas* für Anhaftung, Außenorientiertheit, Bewegung und Begierde und
*Tamas* für Trägheit, Dumpfheit, Dunkelheit und Desinteresse.

Diese Qualitäten wirken auch in uns. Das Besondere daran ist, dass wir Einfluss darauf nehmen können, welches *Guna* in uns am stärksten aktiv ist. Das nachfolgende Beispiel veranschaulicht gut, wie die *Gunas* in uns wirken. Es zeigt, wie wir uns aktiv entscheiden können, eine *tamasische* Geisteshaltung, die uns in Trägheit und Depression verharren lässt, zu überwinden. Über *Rajas*, was bedeutet, nach außen zu gehen, können wir aktiv werden und kommen in Bewegung. So gelangen wir in einen *sattvischen,* also klaren, ausgeglichenen und glücklichen Zustand.

Vielleicht sind wir durch eine schwierige Lebenssituation wochenlang sehr deprimiert und verlieren dadurch das Interesse an uns und unserer Umwelt. Wir kümmern uns nicht mehr um uns und es ist uns egal, was um uns herum passiert. Dazu ernähren wir uns nur von Chips und Coca Cola, Käse und fettigen Pommes und fühlen uns immer träger und dumpfer.

Um aus diesem *tamasischen* Zustand herauszukommen, hilft nur, geistig und körperlich in Aktion zu gelangen. Um wieder wahrzunehmen, dass es ein Leben um uns herum gibt und wunderbare Dinge, die unser Leben lebenswert machen. Sei es Menschen, die uns wichtig sind, schöne Orte oder Veranstaltungen, die wir aufsuchen. Oder auch Sport, weil wir endlich aus der Bewegungslosigkeit herauskommen wollen. Das ist der Bereich von *Rajas*, der Qualität, die uns aktiv und interessiert am Außen sein lässt.

Wenn wir durch dieses aktive Tun endlich wieder in unser Gleichgewicht gekommen sind, spüren wir, dass diese schwierige Lebenssituation etwas in uns verändert hat. Wir haben gelernt und verstanden, dass solche schwierigen Dinge im Leben passieren, wir fühlen uns gestärkt und erreichen den *sattvischen* Zustand der Klarheit, und es entsteht auch ein Gefühl von Reinheit in uns. Wir fühlen uns gelassen und wieder glücklich.

Dieses Beispiel zeigt wunderbar auf, wie wir uns ganz aktiv immer wieder dafür entscheiden können, ein Leben zu erlangen und zu führen, das wertvoll ist. Wir müssen nicht in Trägheit und Passivität verharren.

Hier ergänzend einige Empfehlungen, *Sattva* in uns noch zu verstärken:

Sattva, die Qualität der Klarheit und Harmonie, kann auch gut durch die Nahrung gefördert werden. Energiespendende Speisen, von denen wir uns wieder Appetit (auch auf das Leben) machen lassen, sind sowohl frisch, als auch von frisch zubereiteter Qualität. Zu *sattvischen* Lebensmitteln zählen Obst, Gemüse, Getreide, Hülsenfrüchte, Nüsse, Samen und Milchprodukte.

Auch Sauberkeit und Ordnung schaffen und sich von unnützen Dingen zu trennen, unterstützt ebenfalls *Sattva*. Grundsätzlich gehören alle drei *Gunas* in unser Leben. Wichtig ist hierbei die Verteilung. Der Schlüssel zum Lebensglück besteht darin, vom *tamasischen* und *rajasischen* Zustand hin zum *sattvischen* Zustand zu gelangen, und diesen *sattvischen* Anteil mehr und mehr zu verstärken und zu kultivieren.

Dies ist ein wichtiger Aspekt für die Entwicklung unserer individuellen Persönlichkeit und Weiterentwicklung unserer Potentiale und Qualitäten im Leben.

## Prana, die Lebensenergie

*Prana* ist kosmische Energie, die Kraft im Universum, die erschafft, bewahrt und verändert – das Grundelement von Leben und Bewusstsein. *Prana* befindet sich auch in der Nahrung, deshalb ist es so wichtig, eine gesunde und vollwertige vegetarische Nahrung zu sich zu nehmen. Swami Vishnu-Devananda erklärt *Prana* folgendermaßen: "*Prana* ist in der Luft, ist aber nicht der Sauerstoff oder sonst irgendein chemischer Bestandteil. Es befindet sich in der Nahrung, im Wasser, im Sonnenlicht, aber es ist nicht Vitamin noch Hitze noch Lichtstrahl. Nahrung, Wasser, Luft usw. sind bloße Medien, durch die das *Prana* getragen wird. Wir nehmen dieses *Prana* auf durch die Nahrung, die wir essen, durch das Wasser, das wir trinken, durch die Luft, die wir atmen."[3]

Frische, reine und natürliche Nahrung ist voll von *Prana*; ein wesentlicher Baustein, damit unser Körper mit der notwendigen Energie versorgt wird.

Man kann sich das *Prana* sehr gut vorstellen, wenn man ein getrocknetes Blatt neben ein frisches Blatt am Baum hält. Das eine ist tot, es ist keine Energie mehr da, die es am Leben erhält und zum Wachsen bringt. Das andere dagegen glänzt, verändert sich und wächst – in ihm ist Leben, das sogenannte *Prana* enthalten.

Ein gutes *Prana* zu besitzen bedeutet, bei guter Gesundheit zu sein, ein klares Bewusstsein zu haben und voll von positiven Gedanken und Gefühlen zu sein.

Um das *Prana* der Nerven zu stärken, ist es sehr empfehlenswert, die folgende Atemübung mehrmals täglich durchzuführen:

- 1 x tief einatmen und ausatmen,
- wieder einatmen und den Atem anhalten, solange es leicht möglich ist (bis 20, 30 usw. zählen)
- ausatmen und den Atem wieder einige Zeit anhalten.
- Diese Übung 4-5 x wiederholen. Dies ist eine wunderbare Übung für unsere Nerven und ein Wohlgefühl wird rasch merkbar.

---

[3] Swami Vishnu-Devananda, Das große illustrierte Yoga Buch

Bei einer natürlichen Atmung kann man bei einem Atemzug drei Phasen unterscheiden: Einatmung – Ausatmung – Atempause. Bei einem vollständigen und tiefen Atemzug fließt der Atem zuerst in den Bauchraum, dann in die Brust und zuletzt in die Lungenspitzen unterhalb des Schlüsselbeins. Diese Weise der Atmung wirkt sich sehr positiv auf unsere Gesundheit aus.

Zusammenfassend kann gesagt werden: die Prinzipien *Doshas* und *Gunas* prägen unsere Persönlichkeit und machen die individuelle Einzigartigkeit eines jeden Menschen aus. *Prana* ist die allem innewohnende Lebensenergie, die uns körperlich und geistig zu guter Gesundheit und klarem Bewusstsein verhilft.

## Die Persönlichkeitstypen des Ayurveda

Im folgenden Abschnitt nun ein kleiner Einblick in die Persönlichkeitstypologie des Ayurveda. Jeder Mensch hat unterschiedliche Anlagen, aufgrund seiner individuellen Konstitution.

Die *Vata*-Persönlichkeit:

In einem Körper und Geist, in dem die Elemente Luft und Raum vorherrschen, entsteht viel Leichtigkeit. Unbeschwertheit, Kreativität und große Neugier an Neuem sind dadurch häufig sehr stark ausgeprägt. Auf der anderen Seite fehlt es aber oft an Erdung und Beständigkeit. Angefangene Aufgaben werden mitunter nicht zu Ende gebracht, und die Vorstellung von Routine und Eingefahrensein wird als beengend und erdrückend erlebt.

Mit ihren kreativen Fähigkeiten sind es die *Vata*-Persönlichkeiten, die frischen

Wind in eingefahrene Gleise bringen, und die Anstoß geben, Dinge einfach auch einmal von der anderen Seite zu sehen. Ihr häufig vorhandener Mangel an Ausdauer macht es ihnen jedoch teilweise schwer, sich in einer Gesellschaft zu behaupten, die davon geprägt ist, schwerfällig Entscheidungen zu treffen, und ihre Ideen durchzusetzen.

Mit dem Bewegungs-Prinzip in ihrer Konstitution sind *Vata*-Persönlichkeiten in unserer Zeit, die immer noch schneller zu werden scheint, gefordert, auf genügend Ausgleich an innerer Ruhe und Erdung zu achten, da es ansonsten schnell zu einer psychischen und körperlichen Überlastung kommt. Zu schauen, was im eigenen Leben als „wertvoll" erscheint, und sich dieses als Stabilisator und erdenden Faktor im bewegten Alltag zu erlauben, bringt für *Vata*-Persönlichkeiten einen ruhenden Pol, den sie in einer immer hektischer werdenden Welt dringend benötigen.

Die *Pitta*-Persönlichkeit:

Die Verbindung von Feuer und Wasser erzeugt eine Menge Energie. Diese Energie ist der Antriebsmotor für einen starken Willen und prägt den Charakter einer *Pitta*-Persönlichkeit. Kann sich diese Energie nicht frei entfalten und zum Ausdruck bringen, so entsteht massiver Druck.
Menschen mit *Pitta*-Qualitäten sind ausgestattet mit der Fähigkeit, Dinge anzugehen und konsequent umzusetzen. Sie haben klare Vorstellungen von dem, was sie wollen, und setzen alles daran, das auch zu erreichen.

Neben dem Willen zur Zielerreichung ist es sportlicher Ehrgeiz, der *Pitta*-Persönlichkeiten auszeichnet. Es kann nie ein „zu viel" sein. Sie sind die geborenen Macher. Scheinbar unlösbare Aufgaben motivieren die *Pitta*-Natur und spornen deren scharfen Geist und Verstand erst so richtig an.

Pitta-Persönlichkeiten sind oft Manager oder Chefs (Frauen wie Männer). Sie wirken in ihrem Alltag manchmal hart und unerbittlich durch ihre Stärke, sind aber auch in Situationen stark, wenn Menschen mit einer *Vata-* oder *Kapha* Persönlichkeit bereits aufgeben würden.

Aufgrund ihrer inneren Hitze neigen sie oft zu Wutausbrüchen und Unbeherrschtheit. Ihr Wille zu gewinnen und Ziele zu erreichen, lässt sie häufig keine oder nur wenig Rücksicht auf Ihre Gesundheit und Umwelt nehmen.

Wenn *Pitta* Persönlichkeiten lernen, nicht nur ihrem Wunsch nach Erfolg, Gewinn und Anerkennung zu folgen, sondern auch Ihren Werten größeren Raum zu geben, entsteht eine neue Dynamik. Die eigenen Werte mit anderen Menschen zu teilen, wie z.B. Aufrichtigkeit und den Wunsch, etwas schaffen zu wollen für die Gemeinschaft, wird der *Pitta* Persönlichkeit zudem viel Zufriedenheit und Gelassenheit schenken.

Die *Kapha*-Persönlichkeit:

Mit den Elementen Wasser und Erde in der Konstitution sind die *Kapha*-Persönlichkeiten die geborenen Felsen in der Brandung. Sie sind weder leicht aus der Ruhe zu bringen, noch lassen sie sich durch vorübergehende Störungen erschüttern oder irritieren. Sie sind die beständigen Persönlichkeiten, die mit Kontinuität und Fleiß den Betrieb am Laufen halten und sich auch bei oft langjährig gleicher Tätigkeit nicht unwohl fühlen. Ihre große innere Stabilität vermittelt das Gefühl von Sicherheit, und ein ausgeprägtes Gefühl von Fürsorge macht sie zu beliebten Mitmenschen.

Allerdings fällt es *Kapha*-Persönlichkeiten häufig schwer, sich mit den Anforderungen unserer heutigen Zeit zu arrangieren, die Flexibilität, Beweglichkeit, sportlichen Ehrgeiz und Zielverfolgung zu unabdingbaren Maximen erklärt hat. Mit ihrem Wunsch nach einem routinierten Tagesablauf stehen sie manchmal im Konflikt mit kurzfristig sich ändernden Vorgaben oder Anforderungen.

Für *Kapha* Persönlichkeiten ist es wichtig, sich nicht, ausgelöst durch andauernden Stress, mehr und mehr von ihrer Umwelt zurückzuziehen, sondern ihre ausgleichenden und mitfühlenden Qualitäten und Lebenswerte in ihr berufliches oder privates Umfeld einfließen zu lassen. So kann die *Kapha*-Persönlichkeit die Freude erfahren durch das Geben von Vertrauen und Stabilität, die für ihr Wohlbefinden so bedeutsam ist.

Soviel als ein kleiner Einblick in die Persönlichkeitsbetrachtung des Ayurveda. Haben Sie vielleicht Lust bekommen, einmal herauszufinden welcher Persönlichkeitstyp Sie sind? Am Ende des Buchs finden Sie Internetseiten mit Fragebögen zur Konstitutionsbestimmung, oder schreiben Sie uns!

# 6. Ein wertvoller Start in den Tag

## Die Morgenroutine

Wie beginnt Ihr Tag? Mit Glück, sonniger Freude und Frieden im Herzen? Oder rasen, kaum dass Sie aufgewacht sind, schon Sorgen und Nöte durch Ihren Kopf und Ihr Tag fängt missmutig und schwunglos an? Wir möchten Ihnen einen Weg zeigen, jeden Tag erfüllt und voller Energie zu starten.

Normalerweise putzen wir morgens die Zähne und duschen. Dies hilft, unsere Hygiene aufrecht zu erhalten. Doch wir können noch mehr für unseren Körper tun – und auch für Geist und Herz. Am Anfang kostet es zwar einige Überwindung, mehr Zeit und Energie für sich selbst zu investieren, doch es lohnt sich: das Ergebnis ist ein Vielfaches von dem, was es anfangs kostet.

## Schlaf und Aufstehen

Nutzen Sie zum Schlafengehen den Engelszug, er fährt um zehn Uhr abends, oder spätestens den Anschlusszug um halb elf, dann sind sie morgens herrlich ausgeruht. Wie es so schön heißt: der beste Schlaf ist derjenige vor Mitternacht. Dann fällt es auch leicht, vor sechs Uhr aufzustehen. Zu dieser Zeit herrscht das *Vata*-Prinzip vor und wir kommen mühelos in Schwung.

## Zunge reinigen

Reinigen Sie die Zunge mit einem Zungenschaber oder einem Esslöffel. Sie werden erstaunt sein, was für ein Belag sich über Nacht angesammelt hat. Dies sind Ausscheidungsstoffe und Bakterien, die entfernt gehören. Die Richtung ist bei der Reinigung immer von hinten nach vorne. Praktizieren Sie dies regelmäßig, tun Sie nicht nur Ihrer Gesundheit etwas Gutes, auch Geschmackserlebnisse werden wieder intensiver.

## Bauchmuskelschwingen

Diese Übung scheint erst einmal ungewohnt, doch ist sie ausgesprochen wirkungsvoll, speziell was die langfristige Stärkung des Immunsystems angeht:

Stellen Sie die Beine hüftbreit auseinander. → Atmen Sie einmal tief ein. → Ausatmend beugen Sie den Oberkörper nach vorne. → Stützen Sie die Arme oberhalb der Knie auf. →Die Arme sind durchgestreckt und der Kopf ist nach oben gerichtet. → In ausgeatmetem Zustand ziehen Sie nun die Bauchmuskeln 10-15mal kräftig nach innen und lassen sie wieder locker. → Durch die Nase einatmend richten Sie sich wieder auf.

Wiederholen Sie die Übung 3-5 mal.

Positive Effekte: Das Bauchmuskelschwingen aktiviert den Solar Plexus und erweckt das Verdauungsfeuer. Es wirkt stoffwechselfördernd, stärkt das Immunsystem und hilft bei Diabetes.

Zur Information: Nur mit leerem Magen durchführen! Während der Schwangerschaft, Menstruation und nach einer Bauchoperation nicht durchführen. Bei Krankheiten des Darms und der Bauchspeicheldrüse vorher den Arzt konsultieren.

## Warmes Wasser trinken

Trinken Sie auf nüchternen Magen ein Glas warmes Wasser. Dies regt die Darmperistaltik an und vereinfacht die Entleerung von Blase und Darm.

## Nasenreinigung

Mit einer Nasenspülkanne aus der Apotheke können beide Nasenlöcher gespült werden. Dies reinigt nicht nur die Nase, die Nebenhöhlen und beugt Allergien vor, sondern wirkt auch positiv auf die Sehkraft. Nehmen Sie einen knappen Teelöffel Salz für einen halben Liter Wasser. Spülen Sie von rechts nach links und links nach rechts. Pusten Sie danach das Wasser gut aus: 20 – 30 Mal einatmend durch den Mund und kräftig ausblasend durch die Nase, damit keine Wassertröpfchen zurück bleiben. Bei Erkältung sollte die Nasenreinigung besser nicht durchgeführt werden.

## Sesamöl für Zahnfleisch und Nase

Massieren Sie die obere und untere Reihe des Zahnfleisches mit ein paar Tropfen Sesamöl. Dies trägt zu seiner Stärkung bei. Ebenso können Sie in jedes Nasenloch ein bis zwei Tropfen Sesamöl mit dem kleinen Finger geben und die Naseninnenwände damit massieren. Dies hilft außerdem wunderbar bei Nasenverkrustungen oder Schorf.

## Morgenandacht / Meditation

Nun ist Ihr Körper gereinigt, fit und bereit, Herz und Geist Platz zu machen. Suchen Sie sich einen ruhigen Ort. Wenn Sie mögen, zünden Sie eine Kerze an. Gibt es eine schöne Buchpassage, die Sie inspiriert? Gehen Sie für eine kurze Zeit in sich. Spüren Sie in sich hinein, was stimmig ist für diesen Augenblick der inneren Stille und Ausgeglichenheit, vielleicht mit einem Gebet, rituellen Handlungen, Meditation oder einfach nur schönen Gedanken. Genießen Sie den Frieden, Abstand zu bekommen und eins mit allem zu sein.

# 7. Eine Lebensführung, die unser Leben wertvoll macht

Zu den Tipps für den täglichen Aufbau eines guten Energiepotentials hier nun einige Empfehlungen für bewusste Lebensgestaltung. An dieser Stelle wollen wir Ihnen zeigen, was laut der alten vedischen Schriften die wirklich wichtigen Dinge sind.

Schon bereits in der ältesten ayurvedischen medizinischen Sammlung, der *Caraka-Samhita*[4], ist beschrieben, was der Mensch individuell tun kann, damit sein Leben möglichst lang und glücklich verläuft. Und das nicht nur in gesundheitlich-physischer Sicht, also Ernährung und Bewegung, entsprechendem Verhalten den Jahreszeiten gemäß und Vorsorge. Auch klare Empfehlungen zur geistig-mentalen Haltung zum Leben werden gegeben.

Werden aus ayurvedischer Sicht diese Empfehlungen nicht eingehalten und wird das Leben nicht harmonisch gestaltet, so sind hier Ursachen für mentale Störungen zu suchen, die auch als Auslöser für mögliche / spätere körperliche Erkrankungen angesehen werden.

Dabei geht es in den Empfehlungen zuerst einmal um die „drei bedeutenden Werte", die als die Ziele unseres weltlichen Lebens angesehen werden, und als Grund all unseres Handelns betrachtet werden. Je nachdem, wie wir diese Werte umsetzen, wird unser Leben glücklich und erfolgreich verlaufen und auch unsere spirituelle Entwicklung, die in der ganzheitlichen Sichtweise des Ayurveda einen festen Platz hat, voranbringen.

---

[4] Caraka Samhita – ältestes ayurvedisches medizinisches Kompendium, ca. 1500 v. Chr. von dem vedischen Arzt Caraka verfasst.

Gemeint sind mit diesen drei Werten:

- Unsere **individuelle Natur und Persönlichkeit**, die uns Verpflichtungen für unser Leben mit aufgibt, unsere Rolle und unser wirkliches Ziel im Leben und der uns umgebenden Welt (*Dharma*)
- **Reichtum und Wohlstand**, was in diesem Kontext bedeutet den Erwerb von Wohlstand zur Erfüllung der eigenen Bedürfnisse einerseits und zur Unterstützung der Gesellschaft andererseits (*Artha*)
- das Erkennen und Wahrnehmen unserer **Wünsche** und auch den maßvollen Genuss der Freuden des Lebens (*Kama*).

Wenn wir diese Werte genauer betrachten wird deutlich, dass wir, mehr oder weniger bewusst, unser Leben durchaus bereits nach ihnen ausrichten. Aus Sicht des Ayurveda ist es jedoch wichtig, eine regelmäßige Betrachtung dieser Werte vorzunehmen, um eine möglichst hohe Lebensqualität zu erreichen. Denn in den unterschiedlichsten Lebensabschnitten in unserem Leben ändern sich ja tatsächlich durchaus sowohl die Gewichtung der Werte, als auch deren Inhalte.

Um diese Analyse erfolgreich durchführen zu können empfiehlt der Ayurveda nun, unsere **individuelle Natur und das Ziel im Leben** (*Dharma*), den Erwerb von **Reichtum und Wohlstand** (*Artha*) und unsere **Wünsche** (*Kama*) mit folgenden Aspekten in Verbindung zu bringen, um ein möglichst klares Bild zu erhalten wie wir unser Leben ausrichten sollten:

- Unser Selbst / unsere Seele
- Umfeld, Gesellschaft in der man lebt, auch das Land
- Familie und / oder Gemeinschaft
- Zeit, Tageszeit, Jahreszeit, Lebensalter, auch Zeitabschnitte oder Zeitbegrenzungen
- Leistungsstärke, Stärke, unsere Talente

Im übertragenden Sinne entspricht das den Gedanken und der Beurteilung:

- Wer bin ich wirklich?
- Lebe ich an dem Ort, wo ich leben möchte?
- Lebe ich mit den Menschen, mit denen ich leben möchte?
- In welcher Zeit lebe ich, in welchem Lebensalter befinde ich mich (Jugend, Alter)?
- Was sind meine Fähigkeiten?

Als Beispiel wären nun die Fragestellungen in Hinblick auf unser *Dharma,* also dem was unsere Aufgabe, unser Ziel in diesem Leben ist, zu betrachten:

- Entspricht das, was ich tue, meiner individuellen Natur?
- Lebe ich in der Gegend, in der Gesellschaft und in dem Land in dem ich leben möchte, und kann ich hier meine individuelle Natur leben?
- Lebe ich mit den Menschen zusammen, mit denen ich gerne zusammen leben möchte und die meiner Persönlichkeit gut tun?
- Ist das, was ich tue, meiner Zeit, meinem Lebensalter, angemessen?
- Kann ich meine Stärken und Fähigkeiten meinem Talent entsprechend einsetzen?

Nach diesem Muster können so auch die Aspekte **Reichtum** / **Wohlstand** und unsere **Wünsche** betrachtet werden. Der Vorteil bei dieser Art Betrachtung unseres Lebens ist, dass wir daraus sehr gut erkennen können, ob das, was unser Leben ausmacht, stimmig ist, und das Schiff sozusagen auf Kurs ist, oder ob es angezeigt wäre, Dinge zu ändern.

Einzig wichtiger Aspekt bei dieser Analyse ist, sie möglichst genau und mit Sorgfalt durchzuführen. So gehandelt, verspricht es nicht nur eine Verbesserung der Gesundheit, sondern auch ein insgesamt harmonischeres Leben.

# 8. Wunderbar Praktisches für jeden Tag

## Herzensziele bestimmen

Was ist Ihnen wirklich wichtig? Was sind Ihre Herzensziele? Wir sprachen oben über das *Dharma*, das uns mitgegeben ist. Das ist unser Lebensziel, unsere individuelle Aufgabe. Jeder von uns hat eine andere. Und daraus formt sich unsere Mission im Leben.

Ist Ihnen Ihre Mission, d.h. Ihre ureigenste Aufgabe bekannt? Haben Sie Ihr Herz bereits erkundet? Vielfach übertünchen alltägliche, materielle Wünsche, Streben nach Anerkennung oder negative Gefühle den wahren Herzenswunsch.

Fragen Sie sich außerdem:
- Was fällt mir besonders leicht? Was geht einfach so von der Hand?
- Worin empfinde ich außerordentlich viel Freude?
- Was liebe ich?
- Was tue ich gerne, auch wenn es einmal ohne Lohn erfolgt?
- Für was bin ich bereit, Opfer zu erbringen, weil es mir so viel bedeutet?

Manchmal gehört auch Mut dazu, gewisse Schritte zu gehen. Vielleicht steht eine Selbständigkeit an? Das ist ein großer Schritt, der einer sorgfältigen Vorbereitung bedarf. Oder es sind tiefe Gefühle wie Ängste zu überwinden. Ist das Feuer im Inneren aber lodernd genug, so ergeben sich die Möglichkeiten, all diese Hindernisse zu überwinden.

Wichtig ist die Motivation, **für** etwas zu handeln und nicht aus Furcht vor etwas. Also, hin zu der Liebe, weg von der Angst. Das Motiv sollte nicht Vermeidung sein, also Vermeidung von Personen, Situationen oder Gefühlen, sondern eine aktive Bestrebung. Ein Verlangen nach etwas, durch positive Gefühle bestärkt wie Hingabe, aufrichtige Liebe und Freude.

Ein Beispiel: Sie wollen ein eigenes Geschäft eröffnen. Konzentrieren Sie sich hierbei ganz auf Ihre Fähigkeiten und Talente und auf die Erwartungen, die Sie dabei haben. Vielleicht auf die Lust, Menschen zu bedienen und auf Ihre Freude, die Waren auszusuchen. Vermeiden Sie nach Möglichkeit die Negativität, aus Flucht vor dem Angestelltendasein zu handeln. Verbannen Sie ungute Gefühle dem alten Chef und den vorherigen Mitarbeitern gegenüber. Stellen Sie sich ganz auf das Neue ein und lassen Sie nur diese positive Energie Ihr Herz durchziehen. So begonnen, bestehen gute Chancen, dass Ihr Vorhaben gelingen wird.

## Eine Lebensphilosophie für sich finden

Herzensziele sind wie der Docht in einer Kerze. Brennt er richtig, oder rußt er nur? Entscheidend ist, dass er die richtige Qualität und Stärke hat. Auf die Herzensziele bezogen bedeutet das: sie sind echt, authentisch und entsprechen dem wahren Wesen der Person.

Doch der Docht braucht auch das richtige Material zum Brennen. Kein Stroh, kein Holz, sondern schönes, weiches Wachs. Das Wachs steht stellvertretend für die Lebensbereiche, in denen wir uns befinden. Es nährt die Flamme, indem es langsam vom Docht aufgesogen wird.

So nähren auch die einzelnen Lebensbereiche das Haupt- und Herzensziel des Lebens und damit auch die Werte, die uns wichtig sind im Leben. Diese

Lebensbereiche sind Familie und Freunde, Arbeit, Gesundheit, Finanzen, Persönlichkeitsentwicklung, Hobby, Sinn und Umwelt.

Notieren Sie für jeden dieser Bereiche Ihre innersten Werte. Eine sehr schöne Art und Weise unseren eigenen Werten auf die Spur zu kommen kann beispielsweise durch die folgende Übung erfolgen:

## Der 85. Geburtstag

Stellen Sie sich vor, zu Ihrem 85. Geburtstag kommen die unterschiedlichsten Gratulanten. Alle freuen sich, mit Ihnen zu sein. Es sind Personen aus Beruf und Verein, Verwandte und Freunde, Nachbarn und Bekannte. Was erzählen diese Menschen alles? Jeder hält eine kleine Festrede auf Sie, die Jubilarin oder den Jubilar. Gehen Sie in sich und lassen Sie dieses Ereignis heute schon lebendig auferstehen, ganz nach der innersten Stimme Ihres Herzens.

Wählen Sie anschließend die Gratulanten aus, die Ihnen am meisten bedeuten. Schreiben Sie deren Rede wortwörtlich auf und leiten Sie dann im nächsten Schritt aus jeder Rede die Werte ab, die sich darin verbergen. Nun können Sie Ihre persönliche Lebensphilosophie für jeden Bereich beschreiben. Hier ein Beispiel zum Lebensbereich Partnerschaft:

Sie als Ehefrau stellen sich Ihren 85. Geburtstag vor und ihr Ehemann spricht:
„Meine Gemahlin ist immer für mich da. Sie hat jederzeit ein verständnisvolles Ohr und ist sehr großzügig. Sie verzeiht alle Fehler. Mit Humor meistert sie jede Situation. Zuhören ist einer ihrer herausragenden Qualitäten“.

Nun werden im nächsten Schritt die darin vorhandenen Werte ermittelt:
Partnerschaft: verständnisvoll, großzügig, humorvoll, zuhören.
Und zuletzt wird die persönliche Lebensphilosophie formuliert:

Meinem Partner begegne ich immer verständnisvoll. In kritischen Dingen verzeihe ich großzügig. Humor ist mein erster und ständiger Begleiter. Ich höre erst zu, dann teile ich meine eigene Meinung mit.

Gehen Sie so alle ausgewählten Gratulanten durch, die jeweils einen bestimmten Lebensbereich repräsentieren. Am Schluss haben Sie Ihre Lebensphilosophie mit Ihren ganz persönlichen Werten kreiert.

Wenn Sie mögen, gestalten Sie diese Lebensphilosophie hübsch und legen Sie sie in greifbare Nähe, zum Beispiel auf den Schreibtisch oder den Nachttisch. Lesen Sie diese jeden Tag. Versuchen Sie täglich einen Wert oder eine Lebensregel in die Tat umzusetzen. Auf das obige Beispiel bezogen: „Humor ist mein erster und ständiger Begleiter." können Sie sich abends die Frage stellen, wo Sie an diesem Tage humorvoll waren oder einmal herzhaft, vielleicht auch über sich selbst, gelacht haben.

## Das Erfolgstagebuch

Wenn man für sich eine persönliche Lebensphilosophie formuliert hat, und diese mehr und mehr in sein Leben bringen möchte, ist es eine gute Unterstützung ein Tagebuch zu führen. Auch das Erfolgstagebuch ist gut auf dem Nachttisch aufgehoben. Kurz vor dem Schlafengehen kann so der Tag Revue passiert und die verschiedenen Begebenheiten können aufgeschrieben werden. Was ist an diesem Tag besonders gut gelungen? Wo sind Wachstumsbereiche deutlich geworden? Welche Werte konnten verfolgt werden? Was soll in Zukunft verstärkt werden?

Dabei ist es eine gute Hilfe mit Symbolen zu arbeiten: ein Herz für Positives, was gelungen ist. Ein Baum für Bereiche, die noch besser entwickelt werden können. Eine gewisse Anzahl Smileys, wenn Sie Ihre Ziele erreicht haben.

Gewöhnlich reicht es zwei, drei Sätze zu schreiben. Wichtiger, wie bei so vielen Dingen, ist die Kontinuität. Bleiben Sie dabei. Es ist hilfreich, den Tag kritisch unter die Lupe zu nehmen, sich aber nicht für Dinge, die nicht so waren wie wir sie gerne gehabt hätten, zu verurteilen. Erlauben Sie sich die jeweilige Situation mit Wohlwollen anzunehmen und sich neue Ziele für den Folgetag zu setzen.

## Ordnung im Inneren

Meditation ist eine wunderbare Gelegenheit, in den Gefühlen und Gedanken Ordnung zu schaffen. Nehmen Sie sich täglich etwa 10 Minuten Zeit dafür. Es ist notwendig wie Zähneputzen, nur eben für Herz und Geist.

Wenn Sie in Meditation sitzen, versuchen Sie, ein neutraler Beobachter zu sein zu dem, was passiert. Die Übung besteht darin zu lernen, mehr und mehr die Gedanken vorbeiziehen zu lassen, so wie Wolken am Himmel. Nehmen Sie einfach wahr, aber bewerten Sie nichts. Sehr wichtig ist, dieses als einen organischen Prozess zu erleben und nichts zu erzwingen. Es ist nicht erforderlich zu versuchen, die Gedanken anzuhalten, sondern eher, gütig zu sich selber zu sein, indem Sie allen Gedanken und Energien ihren natürlichen Fluss lassen.

Nehmen Sie neue Einsichten und Erkenntnisse mit in Ihren Alltag (wo war z.B. Eifersucht? Oder wo lauerte Ärger?) und versuchen Sie im Laufe des Tages, ein oder zwei Dingen auf den Grund zu gehen. Hier im Beispiel von Eifersucht und Ärger wäre die Übung, loszulassen oder lernen zu verzeihen.

Im Laufe der Zeit verwandelt sich dieses „aufräumen“ in ein Erlebnis tiefen Friedens. Die Dinge sind, wie sie sind. Sie kommen und gehen. In uns liegt die Chance, alles zum Positiven hin zu verändern. Die Krönung ist es, in unsere tief verborgene innere Glückseligkeit einzutauchen. Das ist unsere wahre Natur. Wärme, Liebe und Frieden mit uns selbst sind ihre Ausstrahlung.

## Ordnung im Außen

Ordnung im Innen und Ordnung im Außen sind untrennbar miteinander verbunden. So gehen häufig äußere Unordnung mit innerer Anhaftung und Habenwollen einher. Je mehr wir also unsere Gedanken- und Gefühlswelt aufräumen und die Welt begreifen lernen wie sie wirklich ist, umso stärker verwandelt sich ebenfalls unsere äußere Welt.

Eine gute Übung ist es, einmal Stück für Stück unseren gesamten Besitz durchzugehen. Was hat wirklich Bedeutung für das jetzige Leben? Welche Hobbies sind heute aktuell? Welche Kleidung wird momentan getragen? Welche Bücher sind relevant? Welche Andenken scheinbar unverzichtbar?

Können wir uns vorstellen, uns auf das Wesentliche zu reduzieren? Welches sind die Dinge, an denen wir nur aus der Angst heraus festhalten, dass nichts Neues nachkommen könnte?

Diese Art der Ordnung hilft nicht nur, Platz zu schaffen, geistig wie räumlich, sondern auch, ganz im Hier und Jetzt zu sein.

## Nach unserem Wertesystem leben

Nun haben Sie viel über Werte gehört, verschiedene Arten von Werten kennengelernt und unterschiedliche Wege erfahren, diese zu leben. Im letzten Kapitel möchten wir nun einmal auf die Werte selbst blicken. Aus welchem Wertesystem stammen sie denn? Sind es überlieferte Werte, unbewusst aus Familie oder Gesellschaft übernommen? Sind es Werte, die sich durch das tägliche Leben tief in das Verhalten eingegraben haben, ebenfalls unbewusst?

Oder – leben wir nach einem selbst erwählten Wertesystem? Eine Möglichkeit ist, sich an Werten zu orientieren, die andere vor uns zusammengestellt haben. Es gibt viele Philosophen und weise Persönlichkeiten, die wahre und menschliche Werte niedergeschrieben haben. Sei es religiöses oder spirituelles Gut und andere weise Schriften. Gibt es ein solches Wertesystem, das Ihnen am Herzen liegt, woraus Sie Ihre Kraft schöpfen und das Ihnen Orientierung verleiht?

An dieser Stelle ein kleiner Test zur Transparenz, wo Sie in Hinblick auf persönliche und wichtige Werte in ihrem Leben stehen.

Bitte kreuzen Sie an, was zu der jeweiligen Aussage für Sie zutreffend ist:

0 bedeutet, dass diese Aussage nicht zutrifft

1 trifft manchmal zu

2 bedeutet voll und ganz zutreffend.

| | 0 | 1 | 2 |
|---|---|---|---|
| Ich habe alle Alltags-Situationen im Griff. | | | |
| Meine Kommunikation gestaltet sich ungezwungen. | | | |
| Mir passieren mehr gute als schlechte Ereignisse. | | | |
| Mein Herz ist erfüllt und ich fühle mich lebensfroh. | | | |
| Ich habe viele glückliche Gedanken. | | | |
| Freude und Begeisterung durchzieht mein Leben. | | | |
| Ängste kenne ich eher wenig. | | | |
| Ich spüre ein tiefes Vertrauen in mir. | | | |
| Mein Dasein lebt sich leicht. | | | |
| Summe: | | | |
| Summe gesamt: | | | |

Auswertung:

15 – 18 Punkte: Sie leben ein sehr positives und ungezwungenes Leben. Überlegen Sie sich, auf welchen Werten ihr Leben basiert und wie Sie viel-

leicht auch andere Menschen dazu inspirieren können, gleiche Werte in ihr Leben zu integrieren.

10 – 14 Punkte: Die Dinge sind eher leicht für Sie, doch manchmal wünschen Sie sich noch mehr Sinnhaftigkeit. Gehen Sie Ihren Weg weiter, Sie sind schon gut dabei, ein wertebewusstes Leben zu führen. Die Empfehlungen des Buchs können dabei eine wertvolle Unterstützung sein.

5-9 Punkte: Sie sind an und für sich ganz zufrieden mit sich, wünschen sich aber etwas, das Ihrem Leben noch mehr Orientierung gibt. Überlegen Sie einmal in wie weit Werte ihr Leben positiver machen könnten. Welche unserer vorgestellten Übungen sagt Ihnen am meisten zu? Das ist ein guter Wegweiser.

0-4 Punkte: Sie leben Ihr Leben eher unspektakulär und vielleicht auch ein wenig freudlos, weil Sie den Eindruck haben, viele Dinge passieren ohne dass Sie Einfluss darauf nehmen können. Wie sieht Ihr Wertemuster aus? Etwa so, dass „sowieso alles egal ist“? Lassen Sie sich inspirieren und überlegen, was Ihnen „wertvoll“ ist in Ihrem Leben. Das ist ein guter Anfang.

# 9. Nachwort

Liebe Leserin, lieber Leser, nun sind wir am Ende unseres Buchs angekommen. Wir hoffen, dass es Ihnen gefallen hat, und dass es Sie inspiriert, ihr Leben künftig noch „wertvoller" zu gestalten.

Vielleicht sind speziell die fernöstlichen Sichtweisen und Empfehlungen neu für Sie, anderes eventuell schon bekannt und vertraut. Doch möchten wir Sie gerne einladen, sich bewusst auf die Erfahrung einzulassen, auch bisher Fremdes und Neues einmal auszuprobieren. Und, ganz aktiv anzuschauen, welche Werte Sie bereits leben und welche Werte Ihr Leben noch mehr bereichern und glücklicher machen würden: vielleicht mögen Sie ganz persönlich herausfinden, welchen Werten Sie folgen möchten, und wie Sie diese noch tiefer in Ihr Leben integrieren können. Hier kann ein Schlüssel zu neuem Glück verborgen sein.

Eine der spannendsten Fragen bleibt mit Sicherheit: was wollen Sie wirklich erreichen in Ihrem Leben? Zu betrachten, was Ihnen wertvoll erscheint, kann dabei aus unserer Sicht ein guter Wegweiser sein.

Wenn Sie mögen, schreiben Sie uns gerne Ihre Erfahrungen, und auch Ihre Fragen. Wir freuen uns sehr auf inspirierenden Austausch.

Herzlichst

Manuela Kaps & Susanne Steinicke
im Sommer 2013

# 10. Weitere Informationen

Ayurveda Fragebögen zur Konstitutionsbestimmung:

**Ayurveda-Portal** – umfassende, sehr informative Webseite. Hier sind alle wichtigen Ärzte, Therapeuten und Anbieter gelistet. Zudem vielfältige Informationen zum Thema Ayurveda. Den Fragebogen zur Konstitutionsbestimmung finden Sie hier:

http://www.ayurveda-portal.de/ayurveda-wissen/ayurveda-einfuehrung/ayurveda-konstitutionstabelle.html

**Ayurveda Klinik Kassel** – jahrelange erfolgreiche Ayurvedapraxis in der Wicker Klinik Kassel. Manuela Kaps hat bei der bisherigen Leiterin der ayurvedisch medizinischen Abteilung Dr. Kalyani Chopra-Nagersheth selbst mehrere Fortbildungen absolviert.

Hier gibt es den Konstitutionsfragebogen als pdf-Datei zum Download:

http://www.ayurveda-klinik.de/was-ist-meine-konstitution-.html

# 11. Über die Autorinnen

## Manuela Kaps

Coach mit ganzheitlichem Ansatz für Unternehmerinnen und Unternehmer sowie Beraterin für Unternehmen.

Qualifikationen:

- Projektmanagerin und Führungskraft
- Zertifizierung für Managementaufgaben
- Coach nach systemisch-konstruktivistischem Ansatz
- Psychologische Ayurveda Beraterin

Mehr als 20 jährige Praxis in großen Unternehmen in der IT mit internationaler Projektkompetenz und mehrjähriger Personalverantwortung.

Verständnis von unternehmerischem Handeln in Verbindung mit ayurvedischem Wissen als Inspiration für persönlichen und beruflichen Erfolg.

Kontakt: Manuela Kaps
inspiration! Coach people. Consult companies.
Tel.: 069 / 409 55 300
E-Mail: mkaps@inspiration-manuela-kaps.de
Webseite: www.inspiration-manuela-kaps.de

## Susanne Steinicke

Coach und Beraterin für werteorientiertes Leben und Wirtschaften: durch individuelle Werte zum persönlichen Ziel und durch unternehmerische Werte zum wirtschaftlichen Erfolg.

Qualifikationen:

- Diplom-Betriebswirtin
- Projekt- und Qualitätsmanagerin
- Ayurveda Gesundheitsberaterin

20jährige Berufspraxis vom KMU bis zum internationalen Konzern,
Mit-Autorin des Buches „Mut zum eigenen Weg“.

Kontakt: Susanne Steinicke
Coaching und Beratung
Tel.: 040 / 692 11 741
E-Mail: info@susanne-steinicke.de
Webseite: www.susanne-steinicke.de

# 12. Glossar

| | |
|---|---|
| Doshas | Die drei Lebensenergien, bestehend aus Vata, Pitta und Kapha |
| Gunas | Qualitäten / Eigenschaften, die uns Menschen und das gesamte Universum prägen: Sattva, Rajas und Tamas |
| Kapha | Eines der drei Doshas: das Strukturprinzip |
| Karma | Das Gesetz von Ursache und Wirkung, eine Aktion geht aus der anderen hervor. Auch tragen wir Karma mit uns, das sind all die Gedanken, Worte und Taten der Vergangenheit, die ihrerseits nun Früchte tragen durch neuerliche Wirkungen. |
| Pitta | Eines der drei Doshas: das Umwandlungs- / Transformationsprinzip |
| Prana | Feinstoffliche Energie, die u.a. das Bewusstsein mit den grobstofflichen Körpern verbindet. |
| Rajas | Eines der drei Gunas. Rajas bindet durch Anhaftung, erzeugt Begierde und verursacht Unruhe sowie Anziehung und Ablehnung. |
| Sattva | Eines der drei Gunas. Wird als reine Natur des Geistes betachtet. Die Präsenz von Sattva zeigt sich durch Klarheit im Geist und Reinheit in allen Dingen. Eine hohe sattvische Präsenz im Menschen drückt sich u.a. durch moralische Werte wie Liebe zur Wahrheit, Mitgefühl und Zufriedenheit aus. Sattva gleicht die beiden Gunas Rajas und Tamas aus. |

| | |
|---|---|
| Tamas | Eines der drei Gunas. Tamas ist Trägheit und erzeugt Desinteresse, Schwere und Dumpfheit sowohl körperlich wie mental in allen Lebensbereichen. |
| Vata | Eines der drei Doshas: das Bewegungsprinzip |

Printed by Books on Demand GmbH, Norderstedt / Germany